9 Juin 1903

VENTE

Du Mardi 9 Juin 1903

HOTEL DROUOT, SALLE N° 9

à 3 heures 1/2

47 TABLEAUX

ET

PASTELS

PAR

André SINET

Mᶜ LÉON TUAL, commissaire-priseur
M. L. MOLINE, expert

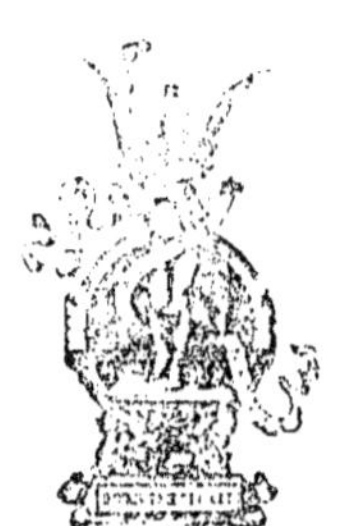

VENTE

DE

47 TABLEAUX ET PASTELS

PAR

André SINET

HOTEL DROUOT, SALLE N° 9

Le Mardi 9 Juin 1903

à 3 heures 1/2

COMMISSAIRE-PRISEUR	EXPERT
Mᵉ LÉON TUAL	**M. L. MOLINE**
56, rue de la Victoire	20, rue Laffitte

EXPOSITIONS

PARTICULIÈRE	PUBLIQUE
Le Lundi 8 Juin 1903	**Le Mardi 9 Juin 1903**
De 1 h. 1/2 à 5 h. 1/2	De 1 h. 1/2 à 3 h.

CONDITIONS DE LA VENTE

Elle sera faite au comptant.

Les acquéreurs paieront *dix pour cent* en sus des prix d'adjudication.

Paris. — Imp. de l'Art, E. Moreau et Cie, 41, rue de la Victoire.

André SINET

Voici un artiste qui, négligeant de parti-pris
la cohue banale des salons et les voisinages com-
promettants de la médiocrité, nous apporte en
des expositions d'ensemble les fruits de son la-
beur et de ses recherches, et toutes les joies, les
tristesses, les émotions d'une sensibilité qui
vibre sans cesse à tous les spectacles de la nature. Il y a quelques années, il préludait dans les
galeries Georges Petit à ces expositions périodi-
ques et se trouvait classé parmi les peintres con-
temporains comme un artiste légèrement in-
fluencé par l'impressionnisme, tout en conser-
vant sa vision personnelle des choses. Donc, pas
d'école, pas d'étiquette, pas de drapeau ! André
Sinet est surtout un indépendant, et comme l'a
fort bien écrit mon maître et ami Frantz-Jour-
dain, « il ne se montre préoccupé ni de tradition,
ni de principes, ni de règles, ni de théories, ni
de modes ; il peint comme il pense, il travaille
pour la joie de produire, plein de méfiance pour
ces petites chapelles, qui se transforment rapide-
ment en prison ou en tombeaux. »

Quel est, depuis sa dernière exposition, le chemin parcouru, l'artiste n'étant pas de ceux qui se répètent ?

Dès la première vue, il me semble que, sans évoluer trop brusquement, la manière de M. Sinet s'est élargie, que son coup de crayon a gagné plus de fermeté encore, qu'en un mot il voit la nature avec une fidélité et une tendresse toujours plus grandes.....

Enfin il faut savoir gré à l'artiste de ne pas se cantonner dans un coin de paysage. Dangereux écueil pour un artiste qui réussit que cette spécialisation à outrance, et combien en connaissons-nous qui, sacrifiant tout au succès immédiat, passent leur vie devant le même horizon à brosser interminablement des variantes du même tableau.

André Sinet demande son inspiration à des paysages variés. En la première série des œuvres exposées aujourd'hui, nous le trouvons d'abord sur la côte de la Riviera, entre Beaulieu et Menton, où, négligeant la banalité des sites connus, il sait si bien pénétrer dans l'intimité des petites criques solitaires, dans le mystère des forêts de pins, dans les vergers idylliques et embaumés qui font songer à ceux de la Grande Grèce. Et puis, ce sont les silhouettes imprévues des hautes roches, c'est l'horizon soyeux et changeant de la Méditerranée, ce sont les ciels profonds et les architectures mouvantes des nuages, tout cela exprimé en des toiles discrètes et fidèles, où la lumière ne s'exaspère pas, où elle resté légère et subtile.

Après les paysages du Midi, André Sinet nous entraîne à sa suite vers d'autres côtes plus brumeuses, vers les prairies de l'Ile-de-France et de la Normandie, vers les larges estuaires sillonnés de barques, vers les plages à marée basse, où il montre parfois certaines analogies avec Boudin.

Enfin, le peintre nous fait souvenir avec quelques pastels parisiens des œuvres qu'il signa jadis.

De tout cet ensemble se dégage une rare impression d'unité. On sent — chose précieuse entre toutes — un artiste qui s'émeut sincèrement devant l'âme des choses et qui sait en dégager toute la beauté latente. Sachons-lui gré de nous retenir et de nous faire rêver en des sites délicieux où, ainsi que le proclame Taine, « les idées de commerce et d'argent tombent comme un vêtement sale. »

Henri FRANTZ.

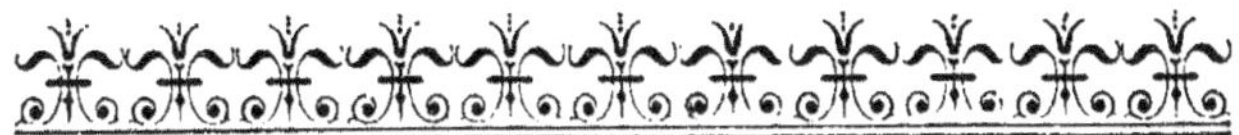

DÉSIGNATION

PEINTURES

1 — *Matinée à Monte-Carlo.* Quartier des Moulins.

2 — *Èze et Beaulieu vus de la Turbie.*

3 — *Mer houleuse à Monte-Carlo.*

4 — *Le Rocher.* Monte-Carlo.

5 — *Crépuscule, avenue des Champs-Elysées.*

PASTELS

6 — *La Route au Cap d'Ail à Monte-Carlo.*

7 — *Avenue du Bois-de-Boulogne.* Esquisse.

8 — *Monte-Carlo et le Cap Martin.*

9 — *La Maison d'Onimus.*

10 — *La Maison du Douanier.* Cap d'Ail.

11 — *Villas du Cap d'Ail.* Temps gris.

12 — *La Place de la Concorde et l'Obélisque.*

13 — *La Tête du Chien.* Monte-Carlo.

14 — *Le Tunel.* Cap d'Ail.

15 — *L'Ile de Bougival.* Effet de printemps.

16 — *La Seine à Bougival.* Soleil couchant.

17 — *Le Bras-Mort à Bougival.*

18 — *La Guinguette.* Port Marly.

19 — *Soleil couchant gris et rose.* Bougival.
20 — *Le Facteur.* Chaussée de Bougival.
21 — *Le Quai.* Plein midi.
22 — *La Ferme dans l'Ile.* Bougival.
23 — *Le Chemin de Halage.*
24 — *Avant-crépuscule sur la Seine.* Marly.
25 — *La Côte de Louveciennes vue de l'île Fleury.*
26 — *Temps d'orage sur la Méditerranée.*
27 — *Le Chemin couvert.*
28 — *Route normande.*
29 — *Avant l'orage. Saint-Georges-de-l'Orne.*
30 — *Maisons de pauvres gens à Saint-Pair.*
31 — *Le Pont de Bougival.* Temps gris.
32 — *La Promenade. Ile de Bougival.*
33 — *Tournant de route entre La Turbie et Èze.*
34 — *Soleil couchant après l'orage.* Cap Martin.
35 — *Le Rocher.* Monte-Carlo.
36 — *Soleil couchant à Croissy.*
37 — *La Machine de Marly et le Barrage.*
38 — *Le Cap d'Ail vu de l'usine.*
39 — *La Côte de Granville vue de Saint-Pair.*
40 — *Prairie normande.*
41 — *La Plage.* Saint-Pair.
42 — *Soleil couchant sur la Manche.*
43 — *Les Tentes sur la plage.*
44 — *Le Port de Granville.*
45 — *Crépuscule du soir.*
46 — *Marine.*
47 — *La Côte de Granville.*

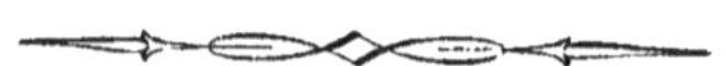

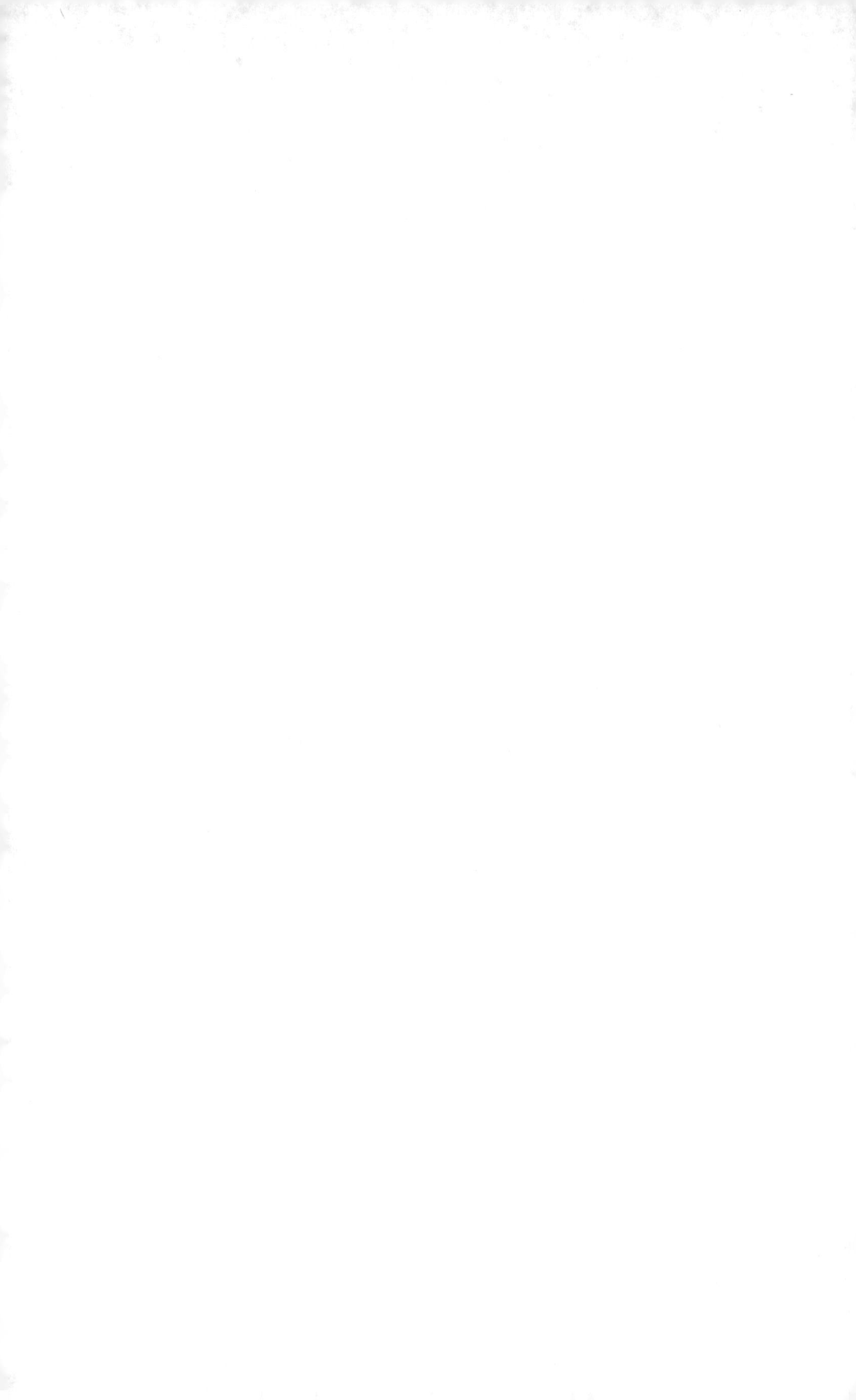

www.ingramcontent.com/pod-product-compliance
Lightning Source LLC
LaVergne TN
LVHW010851180726
843502LV00010B/3824